# 不吼不叫的育儿话术

〔日〕尾木直树 著
董然 译

中国妇女出版社

图书在版编目（CIP）数据

不吼不叫的育儿话术 /（日）尾木直树著 ；董然译
. -- 北京 ：中国妇女出版社，2020.10
ISBN 978-7-5127-1893-7

Ⅰ.①不… Ⅱ.①尾… ②董… Ⅲ.①家庭教育
Ⅳ.①G78

中国版本图书馆CIP数据核字（2020）第161554号



版权登记号：01-2020-4756

不吼不叫的育儿话术

作　　者：〔日〕尾木直树　著　　董　然　译
策划编辑：陈经慧
责任编辑：陈经慧
封面设计：季晨设计工作室
责任印制：王卫东
出版发行：中国妇女出版社
地　　址：北京市东城区史家胡同甲24号　　　邮政编码：100010
电　　话：（010）65133160（发行部）　　　65133161（邮购）
网　　址：www.womenbooks.cn
法律顾问：北京市道可特律师事务所
经　　销：各地新华书店
印　　刷：三河市祥达印刷包装有限公司
开　　本：150×215　1/16
印　　张：11.5
字　　数：120千字
版　　次：2020年10月第1版
印　　次：2020年10月第1次
书　　号：ISBN 978-7-5127-1893-7
定　　价：49.80元

尾木妈妈!
怎么才能做到
心平气和地
教育孩子呢?

# 批评只能让孩子感到“恐惧”

大家好！我是尾木妈妈。[1]

作为一名教育评论家，我经常通过媒体向大家传播一些教育及育儿理论。也有很多妈妈找到我，向我咨询有关“温柔育儿”的事。因此，在这本书中，我将会对此向大家进行详细解释。

每次只要我提到“不批评也能教好孩子”，总会有人问我：“老师，在教育的过程中有时批评一下也是有必要的吧？”可见，在很多人的认知中，“教育=批评”。

我认为，无论是婴儿、少年，甚至是成年人，对他们进行批评都是没有必要的。

① 作者本名尾木直树，日本高人气教育评论家，作为多档高收视率综艺节目的常驻嘉宾，获得了“尾木妈妈”之称，深受日本民众，尤其是年轻一代爸爸妈妈的喜爱。

我知道，很多妈妈之所以会批评孩子，是考虑到孩子的未来，认为现在必须严格要求他们。但你们有没有看过自己批评孩子时的表情呢？相信我，真的相当吓人。

当你摆着一张吓人的脸，嘴里说着“不行”的时候，在孩子心中留下的其实只有恐惧。即便孩子当时安静了下来，也并不意味着你的方法是对的。因为这种方法其实更像是在调教动物。换而言之，孩子在这时所表现出来的听话往往是出于“恐惧”，而并非真正理解了父母的用意。所以这种做法其实实现不了任何“教育”意义。

当然，教给孩子知礼仪、分善恶是为人父母所必做的事。但只要面带微笑教给孩子即可，完全无须批评。脑科学研究表明，批评会引起大脑萎缩，但面带微笑的教导则会令大脑放松，有利于提高记忆力。

也就是说，相比责备，温柔的教导更能增强学习的效果。所以，在教育孩子时，面带微笑，且耐心地进行讲解才是真正有效的。

在孩子的成长过程中，最重要的就是要让孩子感受到来自父母的爱、呵护与理解，并从中获得绝对的安全感。让他知道即便是失败，父母也会是他坚强的后盾。这种安全感将为孩子的健康成长打下坚实的基础。

而让孩子拥有这种安全感的最好方式，就是用心观察孩子的成长及变化，并多多称赞他。很多妈妈又会说：“我找不到值得夸赞孩子的地方啊。”其实，只要能意识到“称赞=肯定孩子的言行”，那么在日常生活中你就会发现，在孩子身上有无数值得肯定的地方，就连简单地用杯子喝饮料，都可以因为孩子“没洒一滴”而给予他肯定。

这样的日积月累，不但可以让孩子获得足够的安全感，还会提升孩子的自我认可度（敢于做真实的自己），让他成为一个无论遇到任何事情都能积极面对的孩子。

但话说回来，在现实生活中，大家对孩子恐怕无法做到每时每刻都笑容可掬、从容应对。这一点尾木妈妈也是很清楚的。

随着家庭小型化的加剧，妈妈的育儿负担也日益加重，所以免不了会出现对孩子的言行 “想要批评”的情况。我相信这样的情况每天都会发生无数次吧。

所以，在这本书中，我将会为大家介绍保持平和心态的方法，遇事时思考问题的角度，以及与孩子沟通的技巧。

另外，对于“忍不住想要批评孩子”的情况，我在本书中也会给出详细的应对方法。

尾木妈妈由衷地希望被育儿问题困扰着的妈妈们能够变得轻松起来，也希望孩子们能自信满满地去构筑自己美好的未来。

# 尾木妈妈的
# “只夸不骂”育儿三原则

1

妈妈的笑脸比
怒容更有利于
孩子成长

2

在孩子成长的过
程中，来自父母
的安全感是必不
可少的

3

要意识到，
称赞=可以看
作是对孩子真
实自我的肯定

尾木妈妈，这种情况也不能批评孩子吗？

妈妈们的心声

来看一看
妈妈们的
心声吧!

# 我真的好焦虑啊……
# 这种情况不应该批评吗?

我家孩子动不动就喜欢爬到高处,
还会挣脱父母的手
跑到马路上去……
就算他做了这么危险的事
也不批评吗?
(1岁·男孩)

如果一直不批评她,我怕她会觉得
“不管做什么父母都不会生气”,
以至于最后变得很任性。
(4岁·女孩)

我孩子和小朋友抢玩具的时候
会突然咬人家。我批评过他,
说:“不可以咬人!小朋友会疼的哦。”
可是貌似完全没有效果,他还是笑嘻嘻的。
搞得好像我不会教育孩子一样。
(1岁·男孩)

我的孩子有时会把食物到处乱扔，
还会在电车中发出怪声。
对她这些不符合社会道德标准、
有违公共礼仪的行为进行严厉的批评及教育，
难道不是父母的责任吗？
（10个月·女孩）

我家的两个男孩每天都会打架，
如果不批评他们就会没完没了。
感觉自己根本做不到“温柔教育”啊。
（6岁&4岁·男孩）

每当我焦虑或是感到力不从心的时候，
会因为一时头脑发热而批评孩子，
事后自己又会很后悔，总是这样反反复复。
（2岁·女孩）

我家孩子不管怎么说都不会自己收
拾东西，早上也总是磨磨蹭蹭的。
每天为此他都要被我吼无数次。
明年他就要上小学了，
多希望他能变得自觉起来啊……
（5岁·男孩）

当然！

## 所有的情况都无须责备

嗯嗯，的确是这样呢。妈妈们说的这些情况，担心的这些事情，我也是特别理解的。

在当今社会，通过电视、杂志、网络……接收到的各种各样的信息充斥着我们的生活。但哪些是真，哪些是假？相信很多妈妈会为此感到很困惑。而且据我所知，很多妈妈认为，批评，是教育孩子的过程中必不可少的。

但是尾木妈妈明确地告诉你，不必批评就能教好孩子。首先，要把“教育=批评”这种认知放在一边。我再重复一遍，无论是对孩子还是成人，批评都是完全没有必要的。

但是，为了应对不同年龄段以及不同情况的孩子，父母们还是需要下些功夫，掌握一些技巧的。这些技巧我将在书中为大家详细介绍。

好啦！正在烦恼的妈妈们，希望你们能够掌握尾木妈妈“温柔育儿”的技巧，每天都能与孩子和谐、快乐地相处。

# 目录

## Part 1 “温柔教育”的技巧，现在教给你

## Part 2　如何做到“温柔育儿”



### 尾木妈妈专栏

## Part 3 妈妈们，你们真的已经很努力了

# Part 1

# 『温柔教育』的技巧，现在教给你

不批评技巧 1

# 不要因为房间乱而焦虑，对小宝宝来说“弄乱=学习”

“不管怎么收拾，客厅总是乱糟糟的。每次看到都会忍不住叹气。”

这种情况经常会在有小宝宝的妈妈们身上发生。自己好像一整天都在收拾屋子的那种心情，我真的很理解。

但是对孩子来说，把东西弄得乱七八糟是他们现阶段的工作，也是游戏。尤其对于2岁以前的孩子来说，这更是一种重要的“学习”。

孩子们喜欢把纸巾从纸巾盒中全部抽出来，喜欢把刚刚收拾好的积木又扔得到处都是。这些行为在妈妈们看来可能只是在捣乱。但实际上，小宝宝们正是通过这些动作，在对物体的运动进行分析、判断和预测呢。这些行为不但能使宝宝得到锻炼，并且会为他今后拥有较强的学习能力和生存能力奠定基础。

我听说，很多妈妈为了不让孩子把家里搞得乱七八糟，会让孩子去看电视。但是，在小宝宝们还无法区别现实与虚

## 孩子的所有行为都是在学习

拟世界时，长时间接触电视这种无法与之进行互动的媒体，对他们来说是很危险的。而且电视的图像和声音对小宝宝所造成的刺激也过强了。

有研究数据显示，小时候长时间看电视的孩子，会出现注意力不集中、听力下降、语言发育迟缓的情况。可见电视对孩子的危害有多严重了。

我的妻子在生下我们的大女儿后，曾经有一段时间身体很差，几乎每个月都需要住院。在此期间，家务和带孩子都是由我负责的。即便如此，在女儿4岁以前我也几乎没有让她看过电视。

家中有小宝宝的家庭，房间乱是再正常不过的事了，没有什么可难为情的。妈妈们要做的就是接受这个现实，尽可能让孩子随意去玩、去探索，因为这对孩子来说毫无疑问就是“学习”。换个角度讲，不管你怎么批评，小宝宝也是学不会主动收拾东西的。如果真有会自己收拾东西的宝宝，反倒有些吓人呢（笑）。

而且，若是家长能够意识到放手让孩子乱扔东西有助于孩子能力的提升，应该就不会再去批评孩子了吧。

如果要教孩子整理物品，最早也要等到孩子2岁左右，而且要以和孩子做游戏的方式进行引导。例如，由妈妈做示范，并配合语言引导宝宝："我们把这个玩具放进那个箱子吧。"若是希望孩子能够自己整理、收拾物品，至少要等到孩子上小学以后，所以在此之前，父母就不要对孩子有过高的要求。

不批评技巧

2

# 孩子的叛逆
# 其实是在求关注

不管是衣服、书还是零食，只要是妈妈选的一律“不要”；不管在哪儿，只要遇到不顺心的事就会躺在地上打滚，妈妈怎么哄都不听。这就是孩子的“叛逆期”。这一时期甚至有一个专有名字——可怕的2岁，可见处于这一阶段的孩子多令人头疼。

我的外孙女和我住在一起，这使得我亲历了她的整个叛逆期。所以妈妈们的辛苦我十分理解。真的，你们太辛苦了。

孩子一般会在2岁左右出现这个阶段的叛逆。这个时期，随着孩子的自我意识开始萌芽，他们的内心开始产生冲突。这是孩子成长过程中相当重要的一个时期。孩子的叛逆虽会令妈妈们格外辛苦，但也恰恰说明了孩子的生长发育很顺利，其实是件值得高兴的事。

孩子叛逆的程度及叛逆期的长短因人而异，但大多数孩子在3岁以后会有所好转。这段时间对父母来说其实是加深亲子关系的一个绝佳时期，希望父母们能够把握机会，给予孩子足够的陪伴。

引起孩子叛逆主要有两个原因。一方面，是苦于无法表达内心的想法；另一方面，就是希望能够得到妈妈的关注。因为对于这个阶段的孩子来说，妈妈是他们最喜欢，也最想亲近的人。他们并不是想让妈妈头疼。相反，头疼的其实是孩子们自己呢。

想说的话、想做的事都无法很好地表达出来，这让孩子感到很烦躁。这时就需要妈妈在身边，给孩子陪伴、包容与

## 包容孩子的情绪

理解。如果妈妈每次都能及时给予孩子正面回应，不但能够平复孩子的情绪，还能够使孩子的自我肯定感获得提升。

举个例子。正在公园玩的孩子闹着说：“不要回家！不嘛！”并拒绝离开的时候，妈妈首先要做的是理解孩子，问问孩子：“为什么不想回家呢？是还没玩够吗？”有些孩子可能会很明确地说：“因为我在排队等秋千啊，还没轮到我呢。”也有些孩子可能还无法表达自己的想法，只会说：

“我就是不想回家！”

这个时候最重要的，就是要让孩子感受到“妈妈很关心我”“我可以跟妈妈撒娇”。即便当下不能满足孩子的要求，也不要不问缘由，只以一句“不行！已经到时间了，快点走！”来生硬地拒绝孩子。这时首先要做的是努力去理解孩子的心情。如果孩子正在努力组织语言来表达自己的想法，那妈妈一定要耐心地倾听。

在一次次这样的互动中，孩子不但能够体会到来自妈妈的爱，更能让孩子坚信自己有被爱的价值，从而提高孩子的自我肯定感。而自我肯定感高的人，才能够给予他人信任，并在与他人的交往中与对方建立起较深的信赖关系。

所以“叛逆期”对孩子来说是相当重要的“成长期”，也正是需要妈妈们为之做出努力的一段时期。

若妈妈们在这一时期能够正确处理孩子的情绪，就相当于给孩子打下了心理基础，有助于他将来拥有良好的人脉，以及独立的人格。当妈妈再面对孩子的“叛逆期”时，想想孩子的将来，是否就能够比以往更从容一些呢？孩子叛逆期的长短，个体差异会很大，有一种说法是女孩大约5个月，男孩大约7个月。其实这是一个很短暂也很重要的阶段，希望妈妈们能够用心去体会。

不批评技巧

3

# 想轻松就不要攀比

## ✕ 比较

啊！
刚两岁就不用穿尿不湿了啊！好厉害！
清爽
尿尿
呃！
我家孩子是不是滞后了？

## ○ 不比较

哇！
刚两岁就不用穿尿不湿了啊！好厉害！
清爽
轻松
没事，又不会穿到老。♪

## 比较

红·苹·果……
不是吧！佑树都能认字了啊？
一点点啦！
当晚
来，看看！
嗒嗒嗒嗒
ka•ki•ku•ke•ko……
ドタドタ..
飞哦！

## 不比较

我孩子好像对认字还没什么兴趣呢！
看他书都拿反了。
他好像把字当成图的一部分在看呢！
哇！
好有意思啊！

“我家孩子都1岁半了还不会走路。可其他像他这么大的孩子都已经会走了……”

是不是有些妈妈会因为类似的事情而烦恼？对照着育儿书上写的“大部分孩子到1岁2个月就会走路了”等类似内容养育孩子，那焦虑是免不了的。所以这些妈妈们的心情也是可以理解的。

但是，希望妈妈们不要为此就抓着宝宝的手逼着他走路，或是一脸焦虑地看着刚能扶着墙走路的宝宝。宝宝都是很敏感的，妈妈的不安、焦虑和急躁他们都能够敏锐地捕捉到。所以妈妈的这些情绪不但会使宝宝的情绪也变得不稳定，还会让他们失去挑战的欲望。

走路晚的孩子一般性格都会比较谨慎，这些孩子只有在拥有足够的安全感时，也就是他在感受到自己是被保护的，是被允许失败的情况下，才会去挑战那些未知的事物。所以妈妈应该以包容的心态，微笑着告诉孩子：“不用勉强自己。”这样孩子可能就会在不经意间迈出自己人生的第一步。

当孩子的发育水平未达到妈妈的预期，或是低于育儿书中所列出的参考指标时，妈妈可能会因为自己的焦虑而去批评孩子。但我们要知道，孩子的发育速度是因人而异的。很多时候，正是因为父母的期望过高，反而导致孩子的发育迟缓。尤其是有些父母，当孩子还处在哺乳期时，他们就经常会拿自己孩子的发育水平与育儿书中给出的数据做对比，这其实是不对的。

如果妈妈能够面带微笑地给予孩子积极的回应，那就会激发孩子的挑战欲，从而促进孩子的成长发育。所以与其在攀比中焦虑、不安，不如以平和的心态去照顾、守护孩子。

另外，在我多年的教学经历中，我感受到不仅仅是妈妈，也有相当多的孩子是通过与其他人的比较来评价自己的，甚至不少大学生也是如此。

有一项国际调查表明，日本孩子的自我肯定感是相对较低的。这项调查主要针对年龄在12～30岁的年轻人。其他国家有七八成的调查对象能够大大方方地回答“我对自己很满意”，而在日本，这个比例仅有四成。可见大家对自己的评价是相当低的。

在北欧国家，无论是在家庭教育，还是在学校教育中，都不会通过与他人的比较来对孩子做出评价，而是让孩子与去年的自己做比较，看自己是否“取得了进步”。在日本，来判断自己是否优秀的方式则是通过与他人的对比。我们在培养孩子时没能让他们“喜欢现在的自己”，没能让他们认识到“做真实的自己就挺好”，对此我感到很遗憾。

而造成这一现状的，与学校教育中的“分数至上”这一观念脱不开关系。如果不从学校这种学习是唯一任务，分数是唯一评判标准的评价体系与价值观中脱离出来，那么就无法培养出拥有高度自我肯定感的孩子。

我在教育界任职多年，但对于我们的教育现状，真的感到非常遗憾和抱歉。学校教育存在的问题现阶段很难改善，所以希望父母们能够在和孩子的相处中，培养孩子的自我肯定感。妈妈们，请你们一定要去接受“孩子原本的样子”，并给予他肯定。这样做“能够最大限度地提升孩子的能力”。

不批评技巧

# 4

# 你的焦虑或许不仅仅因为孩子

其实有很多时候，妈妈是因为自身的其他潜在原因才会对孩子发脾气，比如和丈夫吵架、被婆婆抱怨孩子带得不好、工作太累等，这些都会给妈妈造成压力，令她们耐心下降。

下列选项有符合你情况的吗?

□产后一年以内

□关于教育孩子，丈夫给不出好建议

□过于在意父母/公婆的态度

□回家后也会一直想工作的事

□经济方面有顾虑

□睡眠不足，体力不支

□与其他妈妈发生矛盾

如果其中有符合你的情况，那它可能就是给你造成压力、令你失去耐心的原因。产后的一段时期，妈妈会因为激素的变化而常常感到情绪不稳定。同时，由于小宝宝时刻需要陪

伴，这也会令妈妈随时处于精神紧张的状态。所以有时即便是一点儿小事，也会让妈妈感到很烦躁。对此我们也确实无计可施。

但只要妈妈能够意识到自己焦虑的真正原因，那么在与孩子的相处中，由于一时情绪失控而严厉斥责孩子的情况应该就会减少。很多时候孩子的言行只是一个导火索，真正导致妈妈批评孩子的，其实还是妈妈自身的问题。

“孩子没有错，是我太累了。”

默念这句话，或是试着说出来。另外，最好能给自己一段独处的时间，即便是短时间也好，让身体休息一下，转换一下心情。

不批评技巧 5

# 让祖父母成为你的队友！和他们建立良好的关系，并告诉他们“育儿方法和以前不一样了”

在技巧4中我提到，妈妈之所以会把情绪发泄到孩子身上，很多时候是由于孩子以外的因素给妈妈造成了压力。而很多妈妈的压力来源，则是孩子的祖父母。

“虽然回娘家挺好，但父母总会对我的教育方法指手画脚。我实在受不了，只能改变计划提前回家。”

“孩子明明正在哭，婆婆却在一边说‘总抱

变化这么大吗？！

但是，说不出来啊……

着会让孩子养成习惯’，让我压力好大……”

有这样体会的妈妈相信不在少数吧。

随着职业女性数量的增加，祖父母作为育儿的帮手，也变得越来越重要，甚至有越来越多的双职工家庭，为了能得到父母的帮助而特意把家搬到父母家附近。即便是妈妈无须工作的家庭，也有很多人选择将家安在孩子的祖父母家附近，以便可以随时去串门。

当别人说“总抱着会养成放不下的毛病”时

但是，祖父母搬出多年前的育儿常识的行为，也确实令很多妈妈们感到很苦恼。

**若想与这类祖父母融洽相处，就必须明确地告诉他们“现在的育儿方法与过去相比已发生了变化”。**

对于现在身为祖父母的这代人，包括我自己在内，当初被灌输的观点是“宝宝哭的时候不能马上抱起来，否则不利于培养孩子的独立性”“洗完澡一定要给孩子喝点白开水”“两个月的孩子就可以喂果汁了，目的是让他习惯母乳以外的味道”。

而现如今，就连日本的《母子健康手册》中都明确写着“当孩子感到害怕或不安时，应该抱起他并好好安抚”“不需要担心养成孩子一直要抱的习惯”，等等。

关于果汁，厚生劳动省①主张，从营养学的角度讲，在婴儿断奶前喂果汁是没有意义的。另外，美国儿科学会表示，即便是处于热带气候环境中的婴儿，也没有必要摄入母乳以外的水分，如水或果汁等。但旧观念根深蒂固的祖父母却会固执地认为：“怎么可以孩子一哭马上就抱啊！”正是这种认知上的差异，导致了两代人之间的冲突。

① 日本负责医疗卫生和社会保障的主要部门。

随着科学的进步，人类对自身大脑及身体的研究越来越深入，育儿方式自然也随之发生了巨大的变化。而使两代人关系变得融洽的关键，就是要让祖父母这代人去了解这些变化。但是祖父母作为长辈有着值得他们骄傲的地方，所以晚辈不能对他们全盘否定，而是要一边听取他们的意见，一边坦诚、耐心地向他们解释现状。

除此之外，还可以选择一本能够反映当前脑科学发展水平的最新的育儿书籍给祖父母，并告诉他们“这本书上也是这么写的哦”。最近，有很多地方政府部门开设了针对祖父母的育儿讲座，带老人们去听一听这些专家们的课也不失为一种方法。

顺便说一句，我的两个外孙和我们住在一起，一个4岁，一个不满1岁，我对他们相当溺爱，真的是可以用“含在嘴里怕化了”来形容，是个彻彻底底的“奶爷爷”（此词来自“奶爸”）。我出差时喜欢给宝宝们买毛绒玩具回来，为此我女儿还曾对我发火说：“都和你说过不要再买玩具了。”

可见“祖父母对孩子过于溺爱”和“祖父母的干预”一样令人头疼。很多妈妈也为此找我进行咨询，而我的回答永远只有一个，那就是“不要要求祖父母对孩子严厉”。作为父母，让孩子拥有健康的身心是他们的义务，所以他们会对孩子比较严格，比如不能看电视、不能吃糖和巧克力等。但对祖父母来说，隔代人就是用来疼爱的，他们对孩子的爱无论形式还是性质，与父母对孩子的爱都是完全不同的。

对孩子来说，正好可以从两代人对他的不同态度中学习到不同形式、不同性质的爱有何区别。爸爸妈妈不允许的事情，爷爷奶奶可能就会同意，这并非是因为大人之间有多大的矛盾，只是“立场不同所导致的判断不同”而已。孩子若能明白这点，将会更有利于他形成完整的人格。

如今的祖父母们不但身体好，更是能说会道，可妈妈们有时候还是忍不住想对他们发火。但要知道，**如果能让祖父母加入你方阵营，那对孩子的成长是有着诸多好处的，更何况他们可以给妈妈相当多的帮助。**

作为一位与外孙同住的“奶爷爷”，我从孩子身上学到了很多东西，也体会到了很多乐趣。所以我希望孩子们都能够与祖父母们建立起一种有别于亲子的亲密关系。

不批评技巧

6

# 想发脾气时先缓一下，做做“尾木妈妈拍打”

孩子不听话，每天把妈妈搞得团团转；以为孩子睡着了，可刚往床上一放就像碰到了他背上的开关，哇的一声哭起来；只要去超市就会闹着要买零食；好不容易做好的饭，只因为他吃腻了就弄得乱七八糟。

“啊，我受够了！”

明明想做一位温柔的妈妈，可还是一烦就会忍不住吼出来。这种状态是可以理解的。

当你想要对孩子发脾气的时候，用哄宝宝睡觉时的拍背手法，慢慢地拍打自己的胸口，同时**告诉自己：“没关系，没关系，没关系。”记住要说出来，而且最少重复6遍哦。**

这个方法我称之为“尾木妈妈拍打”，它能很快让人心情平静下来，而且效果惊人。不管你有多烦躁，只要通过想象去做这个拍打动作，同时暗示自己“没关系”，心情就会逐渐放松下来，又变回那个温柔的妈妈。另外，深呼吸也是有帮助的。当你觉得快要失去理智，想要大声斥责孩子的时候，试着用鼻子深吸一口气，再用嘴缓缓吐出来。这样做相当于给了自己一个缓冲，能让人恢复理智，冷静处理事情。

妈妈也是普通人，自然也会有情绪失控的时候，但只要你能够掌握1～2个控制情绪的方法，那么在这种情况下就能派上用场。

不批评技巧 7

# “快点”是育儿中的禁语

虽然有点突然，但我想先问大家一个问题：你一天会对孩子说多少次“快点”？

“呃……说得太多，数不清了”“至少能有10次吧……”我感觉有人应该会这么回答吧。

孩子小的时候，无论是喂奶还是哄睡，都要花费很多时间，但即便如此，妈妈也没有催促过孩子“快点”。随着孩子渐渐长大，妈妈说“快点”的频率也越来越高。在尾木妈妈的理念中，这句话其实是“育儿禁语”之一。

你知道为什么这句话不能说吗？因为这句话是大人在用命令的口吻对孩子做出指示，而**过多的指示会让孩子失去独立思考的能力。**孩子对妈妈言听计从，没有指示就不知道如何去做，这样的孩子最终将成为“候令一族”（译者注：等候指令一族）。

所以不应这样，而是要调动孩子自主思考的能力，让他学会自己做决定。为此，妈妈就需要掌握一些能够调动孩子自觉性的技巧。而恰当的说话方式便是其中的重要一项。

这里，有一句很重要的话需要大家记住，那就是“什么时候”。

举个例子。你和孩子说好了要收拾房间，可他却一直在看电视。这个时候一定不能对他说“现在就收拾”或是“快点去做”。那正确的交流方式是什么呢？你可以问问孩子：“电视好看吗？”“好看啊！”“那就好。不过，你准备看到什么时候呢？我们不是说好看完刚才的节目就收拾屋

“快点！”“快点！”如果一直这样说的话……

子的嘛。”记住说这些话时要注意语气，不能责问，一定要温柔。

通过问孩子“什么时候”，可以让孩子成为制订计划的主体，这样他也就不得不自己做决定了。对孩子来说，能够“自己做决定”不但是件值得骄傲的事，同时由于随之所带给他们的责任感，还能够让他们学会控制自己，在生活中也更加自律。

我小的时候，妈妈对我就是用这种方法，而且屡试不爽。我妈妈从来没有对我说过“快

让孩子自己做决定

点去学习！”而是问我：“直树，你准备什么时候开始学习呢？”我则会马上给出回答，比如“看完第三章就去”等。因为是自己刚刚做出的承诺，所以一定会言出必行的。

现代人的生活都很忙碌，妈妈们更是除了工作还要顾及家务，这让她们每天都会感到时间很紧迫。虽然自己也知道不该催促，可“快点”这句话却常常会脱口而出。这个时候一定要克制住自己。为了培养孩子的自觉性，试着把“快点”换成“什么时候”吧。

不批评技巧

8

# “怎么了？”是能让孩子敞开心扉的魔法咒语

**“怎么了？”是一句拥有魔力的语言，适用于育儿中的各种场景。**

**尤其是当父母想要批评孩子时，这句话能够最大限度地发挥它的作用。**

举个例子，当孩子不穿鞋就跑出门的时候。

“不行！袜子该脏了！”

很多妈妈都会这么训斥孩子吧。但是，这时候的你需要做一个深呼吸，听听孩子的理由。

“怎么了，为什么不穿鞋呢？”

“那里有一只青蛙，万一被车轧了会好可怜，所以我想帮帮它。”

你会发现，也许孩子是有他们自己的理由的。如果妈妈不问青红皂白上来就批评，那下次孩子无论看到什么，可能都会因为不想被批评而故意视而不见了。

## 不同的说话方式效果大不相同

啊！危险！孩子鞋子也没穿就跑出门了。

此时
你会怎么做?

「怎么了？」

只要让孩子感受到“妈妈能够理解我”，孩子就会把理由讲给你听。

「不行！！」

限制孩子的行动，就是在削弱他的好奇心。

这句“怎么了”，适用于所有的人际交往中，因为它不光对小孩子有效，对中学生以及成年人也有着同样的效果。

我在做中学教师的时候，为了走进那些误入歧途的学生的内心世界，经常会问他们：“怎么了？”一开始，他们会说我“烦死了”。可渐渐地，这些问题学生给我起了个外号——“怎么了老师”。与此同时，他们也开始向我吐露内心的想法，告诉我说：“老师，其实吧……”

“你干吗”和“怎么了”虽然意思上有相似之处，可前者会给人一种高高在上的感觉，而“怎么了”并非是单方面的责问，说话者呈现出来的是一种“倾听”的姿态，这会让对方更愿意向你吐露心声。

尤其是在面对孩子，或是比自己弱势的人时，一定要认识到对方与你是平等的。当然，对于亲子来说，从身份可以区分为抚养人与被抚养人。但孩子和父母一样，都是拥有独立人格的个体，所以在这一点上大家都是平等的。若是不能与孩子站在同一角度去交谈、去倾听，那么想要了解孩子的心思将是一件非常困难的事情。

除此之外，与孩子交流时还有一种“镜映”方法是很有效的。“镜映”是心理学的一个概念，其中有一种做法就是听话者要像镜子反射影像一样，将说话者的句子末尾复述一遍。

比如孩子对你说，“我玩具被朋友拿走了，不高兴”。你就对他说，“是哦，被拿走了不高兴呢”。有时就像鹦鹉学舌一样，只要换个句尾的语气词就好。孩子听到自己刚说的话又从妈妈口中说出，会感受到“妈妈是理解我的”，从而重拾勇气，重现好心情。

所以当你想要批评孩子时，先问一句：“怎么了？”这可是能够打开对方心扉的魔法咒语，一定要记住哟。

不批评技巧

# 9

# 孩子不好好吃饭时，妈妈的表情是不是很吓人呢

当孩子终于入睡后，妈妈来到厨房，开始把蔬菜切碎、过筛、冷冻……而这一切的努力，都是为了小宝宝能够吃到妈妈亲手做的辅食。可孩子从来都是随心所欲的。不想吃的时候一口都不吃，若是吃腻了马上就跑去玩。妈妈对此却无可奈何，只能在一边气鼓鼓地说：“啊——这是我好不容易才做好的啊！”

我知道，妈妈为了孩子能够茁壮成长，所以希望他们不挑食，从食物中摄取充足、均衡的营养。

但是，当你想方设法让孩子吃饭时，是否从镜中看过自己当时的表情呢？是不是眉头紧锁、表情可怖呢？

吃饭并不是“完成任务”。如果妈妈只是为了让孩子快点接受辅食，或是能把饭都干干净净吃完而去强迫孩子，那孩子也会变得不开心的。其实家长完全不必这么紧张，一家人在一起开开心心地吃饭，让孩子感受到“吃饭是件快乐的事”，这比让孩子不挑食重要多了！

有些人会认为，像吃饭这种费时费力的事情，只要能够顺利完成就算达到了目的。这其实是一种错误的认知。当事情越是不能如你期待一般发展时，越是加深亲子间信赖关系的绝佳机会。当日后你回顾这段“不顺利”的时光时，你会感叹“正是因为当初的做法，才能有如今的状态”。

越是计划性强的妈妈，遇到事情不能按计划发展时就越容易烦躁。这时候不妨换个角度，告诉自己“算了，没事，这样也挺有意思的”。这样，你的烦躁情绪应该就能够得到缓解，人也会变得轻松起来了。

不批评技巧

# 10

## 不要站着和孩子对话，蹲下，和孩子保持“平视”是相当重要的

先说句题外话。我的个子不高，属于比较矮小的。就连和同研究所的女同事一起去吃午饭，或去其他地方的时候，都经常会湮没于高个子的女同事们之中，当然，我还挺喜欢这种感觉的。虽然我个子矮，但好像也因此获得了不少好处，其中之一，就是更方便与孩子平视。

有些事情，从成年人的视角是看不出问题来的，但如果能够低下身让自己用孩子的眼光看世界，可能会有不一样的发现。

举个例子。孩子上幼儿园就要迟到了，可他还是坐在门口一动不动。在妈妈看来，孩子只是在磨蹭、犯懒，所以可能就会忍不住催促孩子。

如果妈妈能蹲下身用孩子的视角去观察一下，可能就会发现有一只误入屋中的小蚂蚁，叼着食物却找不到回家的路。孩子之所以一动不动，可能是因为觉得有趣正在仔细地观察。对孩子来说，这可是一个了不起的发现呢。

孩子的视角

这时妈妈可以说：“呀，发现小蚂蚁啦，好厉害！那我们把小蚂蚁带到外面吧？”

“嗯，走吧！”

孩子自然就会穿上鞋和你一起出门了。

如果妈妈没有试图去了解孩子坐在门口的原因，只是一边说着“别磨蹭，快点”，一边从孩子身边走过，那孩子的好奇心和主动性可能就因为这一句话而被打消了。

尤其是3岁以前的孩子，他们的观察力是相当敏锐的。

我曾经为了做一档

电视节目，采访了北海道的一所幼儿园。从孩子们入园到放学，我与他们相处了整整一天。其间，一个孩子叫：“直树（就是尾木妈妈我啦），这儿有潮虫啊！”我走过去，果然发现石头下面不只有潮虫，旁边还有鼠妇，爬来爬去的。这时另一个孩子抢先说：“还有鼠妇呢。”潮虫和鼠妇外表很相似，但孩子就连这细微的差别也能看出，真的是观察力太强了。但这敏锐的观察力，如果不是蹲下身用孩子的视角去观察的话，很多情况下是会被忽视的。

所以对我来说，正因为个子矮，才能够很方便地转换为孩子们的视角，实在是感觉赚到了呢。

下次孩子再蹲在地上不动，或是趴在地上时，妈妈不妨也蹲下来，用与孩子相同的视角去观察这个世界，也许会有意外的发现哦！而且那股怒气也会消散得无影无踪哟！

不批评技巧

# 11

## 设定两小时的“妈妈停业”时间，如果太难，20分钟也可以

过去，一大家人住在一起，孩子都是大家一起带的，即便遇到问题，也能因为过来人的一句“别为这些事发愁啦，坚持两三个月就过去啦”而轻松化解。可对于如今的妈妈们来说，在日本

① 双陆（liù），古代博戏用具，同时也是一种棋盘游戏。棋子的移动以掷骰子的点数决定，首位把所有棋子移离棋盘的玩者可获得胜利。游戏在世界多个地方演变出多个版本，但保留一些共通的基本元素。

养育一个孩子实在太难了。太多人真的只能万事靠自己。

尤其对于那些要随着丈夫的工作调动而辗转于不同城市间的新手妈妈来说，就更辛苦了。爸爸每天忙于工作，很晚才下班，娘家太远又帮不上忙。在这样的条件下，妈妈一个人24小时无休止地照顾孩子、做家务，是很容易患上产后抑郁症的。

当妈妈的压力积累到一定程度，就容易因为一些鸡毛蒜皮的事而对孩子发脾气。所以我建议爸爸或祖父母能帮妈妈一把，给妈妈一个休息的时间。因为妈妈的笑容对孩子来说是必不可少的。妈妈也无须因为自己休息了而感到内疚，因为一个笑容可掬的妈妈在孩子的成长过程中所起的作用是无可替代的。

如果想要暂时从“妈妈”这个角色中彻底脱离出来，那我建议不要漫无目的地在街上闲逛，而是给自己设定一个目标。比如，可以去网红蛋糕店给自己买一份美味的甜点，或是去美发店修修头发让自己更加神清气爽。达成目的后的满足感是能够有效减轻压力的。所以如果有可能的话，把孩子交给他人照顾2～3小时，好好外出放松放松吧。

另外，有些幼儿园、托管班可以暂时代为照顾孩子，妈妈也可以利用起来。可能有些人会对此有抵触情绪，但其实妈妈们完全可以放心地把孩子交给这些专业的老师，而且他们还可以帮你解决一些育儿中遇到的问题。

同时，让孩子多与其他同龄人接触，对孩子的成长也是大有裨益的。就拿搭积木来说，一个人玩与和小朋友一起玩，效果是完全不同的。所以把孩子暂送托管班不但能让妈妈恢复精神，还可以给孩子很多良性的刺激。

所以妈妈完全不必为自己的一时休息而有罪恶感。因为只有精力充沛、快乐的妈妈，才能给孩子带来正面的影响。

不批评技巧

# 12

## 养育两个孩子的基本原则是“用近乎夸张的程度温柔对待老大”

## 孤独的老大

“现在都这么难了，以后简直不敢想象……”相信很多妈妈在生过二胎后都会有类似的不安。还有很多妈妈们反映“照顾老二需要花费太多的精力，所以经常会忍不住对老大说：你是哥哥啊！”

**其实有二胎的家庭在育儿中是有技巧的，那就是“给老大充足的爱与关怀”**。当然，这并不是说可以含糊地对待老二。一旦有了弟弟妹妹，老大很自然会感到来自父母的关爱不够了。所以有些孩子又会出现小宝宝的行为，或是出现叛逆，也有些孩子因为性格关系，家长不仔细观察的话，可能察觉不出有什么变化。

但老大的这些改变，在他获得足够的关爱后基本上就会消失。所以，虽然这样做对妈妈来说可能有些困难，但还是要尽量制造自己和老大独处的时间。这个时间可长可短，所以妈妈可以充分利用老二睡觉的时间，或是直接把老二交给爸爸照顾。

当老大又出现小宝宝的行为，或是有叛逆的倾向时，一定要及时给予他足够的关爱。最好是能够抱紧他，告诉他“我爱你哦”，甚至可以表现得夸张一些。而独享妈妈宠爱的时光，能让老大感受到“妈妈是爱我的”，从而安下心来不再焦虑。这样的孩子在妈妈需要的时候甚至还可以帮忙照顾弟弟或妹妹，哄着他们玩哦。

另外，还有些妈妈会担心，老大要上幼儿园、兴趣班，若只是让老二去迎合老大的时间

偶尔要有二人的独处时间

安排，会不会疏忽了对老二的教育。

其实，这种担心是没有必要的。因为妈妈对老大的教育，老二也是看在眼中的，而且妈妈什么时候会批评老大，老二也在认真观察。所以，很多老二很清楚如何避免被妈妈责备，他们靠着从老大那里学到的诀窍，自由自在地成长着。有些父母虽然在老大身上下了很大的功夫，可他也没能成为什么大人物（笑），老二反而出乎意料地成了运动员或是艺术家。

在照顾两个孩子时，父母其实并非做得越多效果越好。所以感觉对老二照顾不够的妈妈们，不要再担心喽。

不批评技巧

# 13

# 兴趣班是不是已在不知不觉中成为父母和孩子的“负担”

“兴趣班坚持不下去，好愁人。”

这样的烦恼，我常听妈妈们提起。很多妈妈为了培养孩子的特长，在孩子上幼儿园之前就给报了钢琴班、游泳班、早教课……而且对此乐此不疲。

妈妈们抱着“为了孩子的将来”这一想法，带孩子去参加各种体验课。可尽管妈妈们在做着各种努力，孩子们却很快就对课程失去兴趣，上过几次课后就说“不想去了”。我仿佛能够听到妈妈们的长叹：“我的3万日元学费啊！”

其实在我看来，不继续上课也没什么大不了的。犹豫不决、走弯路，这些都是孩子的特权。有些妈妈会对孩子说：“是你自己说想要上的，所以必须坚持下去！”但我认为这是不对的。孩子是在失败中成长起来的，若是不接受他的失败，就等同于妨碍他的成长。

在尝试过各种兴趣班后，孩子会逐渐认识到什么才是真正适合自己的。而父母在此过程中要做的，就是耐心地陪伴，直到孩子找到自己真正的兴趣所在。

说起兴趣班，最近英语班貌似很火，我甚至听说连小婴儿都开始接受英语启蒙了。在如今这个时代，学习英语确实很重要。日本自2020年起，就要从小学3年级开始将英语纳入必修课之中了。

但这并不意味着英语越早学习越好。尤其是孩子还不到3岁时，他们有太多的东西要学，太多的技能要掌握，而且这些技能只能在这个阶段才能学习到。如果在这时让他们去学习英语或是其他语言，那本应在这个阶段发展的能力则可能会出现缺失。其中之一就是在大自然中培养起来的“观察力”。在公园里，能够以不同于成年人的视角来观察昆虫、植物等事物的能力，就是在这个年龄段培养起来的。而这一能力在将来会以其他形式表现出来，令孩子受益多多。

对这个年龄段的孩子来说，学习英语的目的就是培养他们对英语的兴趣，所以在家给孩子读读绘本就足够了。与此相比，顺应孩子的天性，让他在户外自由地玩耍才是更重要的学习。

杂志等媒体采访我时，常会提出这样的问题：“尾木妈妈，有推荐的兴趣班吗？”这种情况我通常会建议学钢琴。因为脑科学证实，弹钢琴可通过手指的运动对大脑产生各种各样的良性刺激，有利于培养孩子的记忆力及预见力，等等。同理，珠算也是比较推荐的。

兴趣班应是孩子提出“想学”，家长再给报名，如果孩子中途放弃，那家长也不必勉强。因为失败也是一种宝贵的体验。若家长能抱着这种轻松的心态来陪伴孩子，那兴趣班无论对家长还是对孩子，都不会成为一种负担。

不批评技巧

# 14

# 孩子说“不想去”幼儿园或托管班时，一定有他的理由

## 某日，突然

“我今天不想去了！”

上幼儿园或者托管班的孩子，肯定至少说过一两次这样的话。每天早晨，对妈妈来说都是相当忙碌的，如果孩子再闹着“不想去幼儿园”，妈妈免不了会感到烦躁。尤其是对于上班即将迟到的妈妈来说更是如此。

其实家长没有必要因为孩子一句“不想去”就紧张，甚至担心：“如果这样下去，孩子将来会不会拒绝上学啊？”如果在过去，会有邻居妈妈来安慰你：“我家孩子也有过这样的时候，都是暂时的，过去就好了。”但现在邻里之间关系逐渐变得淡薄，遇到问题无人可说时，妈妈难免会感到焦虑。

其实不愿上学完全不是什么反常的情绪，任何孩子都有可能出现这种情况。希望父母首先能理解这一点，这很重要。

如果孩子一直都很喜欢上幼儿园，可突然有一天他说“不想去了”，那很可能是他在幼儿园遇到了什么问题。虽然可能只是一点点小事，但父母要做的首先是找出问题所在。

比如说，如果是刚入园的小朋友，那可能是因为不喜欢老师，或是和班里的小朋友合不来等原因；若是已经入园一段时间的孩子，那可能是突然被自己的朋友捉弄，或者因为施工导致操场停止使用，又或者仅仅是因为厕所太臭……有些在成年人眼中微不足道的事情，却可能会成为孩子不想上幼儿园的理由。

所以这个时候家长应尽快与老师取得联系，了解孩子在幼儿园的生活情况，找到造成孩子不愿去幼儿园的原因并尽量解决它。可能只需要进行简单的处理，问题就会迎刃而解。

我的外孙女也出现过好几次这种情况，甚至有一次在去幼儿园的途中闹起来，最后只得回家。但这也只是暂时的，现在她每天都很喜欢上幼儿园。

另外，有时孩子磨磨蹭蹭，可能只是在“求关注”。

这时妈妈不要对孩子说：“说什么呢！再不走就迟到了。”而是首先要做到与孩子共情，肯定他的做法，可以对他说：“是哦，有时候是会不想去幼儿园呢。”接下来可以先联系幼儿园，告诉老师可能会晚点才能到，然后观察孩子的状态。比如，可以问问他：“那我们先去公园玩会儿秋千再去幼儿园好吗？”并带孩子到公园转一圈。其实孩子的情绪转换是很快的，很多情况下孩子会主动提出：“还是去幼儿园吧！”所以希望父母们在遇到这种情况的时候能够尽可能地抽出时间来陪伴孩子。

但是，随着孩子不断成长，当他进入小学后，无论父母怎样注意排解孩子的压力，他还是会遇到“不顺心的事”。

为了能让孩子顺利解决这些“不顺心的事”，父母要做的就是培养孩子处理不良情绪的能力，也就是让孩子拥有一颗“强大的内心”。这将是一个需要多次反复的过程，但在此过程中能够使孩子的自我肯定感获得提升，而这对孩子来说也是相当重要的。

**自我肯定感高的孩子耐压性也强，所以他们将有能力去开创自己的人生。**为此，妈妈们一定要耐心倾听孩子的心声，并做到与孩子共情。

无论有多忙，请停下手中的家务事，留5分钟的时间给孩子。听听孩子今天发生了些什么，如果能提些问题效果会更好。比如，“哇，好棒啊！那后来怎么样了呢？”这样，孩子能够切身体会到：“妈妈在认真听我说话呢。妈妈能够理解我呢。”喜欢和妈妈分享自己的感受是孩子的一种本能，若妈妈能认真倾听，孩子的这种意愿就会更加强烈。

当遇到不顺心的事时，父母的支持与理解能够减轻孩子心中的负担。而孩子从父母处获得的安全感，不但可以增强孩子的自我肯定感，还能让孩子拥有坚强的内心，帮助他在今后的生活中凭借自己的力量战胜种种不如意。

不批评技巧

# 15

## 让爸爸成为妈妈的解说员

当妈妈一时冲动批评了孩子后，爸爸作何态度呢?

“妈妈说得没错。就是你不对。”

像这样和妈妈站在同一战线声讨孩子的行为是不可取的。

另外，有些妈妈会要求爸爸：“喂，不能光是我批评孩子啊！你也得说说他。”

这种做法也是要避免的。

我认为，这个时候爸爸需要扮演的角色是妈妈的解说员，也就是要向孩子解释“为什么妈妈会说那些话”。

例如，和孩子约定好每天看30分钟电视，可时间到了孩子还在看。同样的事情不知提醒过孩子多少次，可他每次还是会犯同样的错误，所以妈妈很容易压抑不住心中的怒气。当妈妈训斥孩子后，爸爸应安慰孩子：“妈妈刚才的说话方式是不是有点吓人啊？因为你没能遵守和妈妈的约定，她感到很伤心，所以才会那么说的。其实妈妈最喜欢你，所以才会提醒你的哦。”爸爸若能这样退一步，冷静地与孩子交出行，成功了！

谈，不但给了孩子一条退路，同时也能让孩子冷静下来，不再排斥妈妈。

若是爸爸和妈妈一起批评孩子，那孩子就真是毫无退路了。就算他当时承认了错误，也可能仅仅是为了应对眼前的局面说说而已。所以**当妈妈生气时，爸爸应冷静地向孩子解释。同理，爸爸发怒时，妈妈也应温柔地替爸爸解说。这才是夫妻最理想的协作方式。**

至于夫妻间关于教育领域的分工，我建议公共礼仪及道德教育由爸爸来负责。

妈妈每天有很长时间都是和孩子一起度过的，所以在生活方面难免会对孩子提出这样那样的要求。另外，出于“我的孩子，我必须好好教育”这样的责任感，妈妈难免会在不知不觉中出现对孩子要求过高的情况。

与此相比，大多数爸爸对孩子生活方面的细节不会有过多要求。由于他们在工作中要更多地接触社会，所以应由他们来教孩子关于公共场所应有的行为礼仪，以及社会公德等，这样会更有说服力。反之，如果让爸爸负责生活方面的教育，可能就有些强人所难了。毕竟爸爸和孩子在一起的时间有限，所以确实很难做到。

当然，我只是举个一般家庭的例子。希望每个家庭都能根据自己的具体情况，父母发挥各自所长，分工协作教育好孩子。

不批评技巧

# 16

## “好疼吧”“伤心了吧”——妈妈的共情能让孩子变得强大

读到这里，不知道妈妈们是否理解了我的这套理论，也就是"孩子没有必要批评，批评未必就能教好孩子"。

相信很多妈妈已经注意到了，支撑这个"温柔育儿法"的基础，就是妈妈的共情能力。当孩子摔倒时，如果妈妈严厉地说："没那么疼吧！别哭了！"那孩子反倒会哭得更厉

害。若是妈妈能温柔地表示共情，一句“摔疼了吧”就能很快让孩子平静下来。妈妈的共情能让孩子感到安心。也正是有了这种安心感，孩子才会干劲儿十足，并产生挑战新事物的勇气。

前几日，我从一位曾经共事过的电视制片人口中听到一个好消息。

这位制片人是一位单亲妈妈，孩子正在上小学。有一天，明明已经到了上学时间，孩子却怎么也不肯起床。若按她的一贯作风，她一定会掀起孩子的被子催促孩子：“快点

起来！”可当天正巧这位妈妈身体也不舒服，所以她对孩子说：“妈妈理解你，其实我也不想起床呢，好想休息啊！”

谁知话音刚落，孩子自己就起了床，而且开始准备东西去上学了。这位妈妈反馈时说：“原来这就是尾木老师经常说的共情比批评更有效啊！我真的太感动了！”

有很多研究表明，孩子在学龄前是获得了足够的共情，还是经常被否定，对孩子的人格养成有着深远的影响。

能够获得足够共情的孩子不但自我肯定感高、充满自信，而且拥有旺盛的好奇心，能够保持乐观向上的心态，沟通能力也很强。我现在在大学带研究班，通过和学生们进行几句简单的交谈，我就能分辨出哪些孩子是在理解中长大的。

反之，缺乏共情的孩子会表现出自我肯定感低，并且缺乏自信。他们比较在意周围人的目光，对于学习、运动等积极性较低，内心也比较脆弱。

父母是否给予了孩子足够的共情，两者的差距在孩子20岁时将会逐渐显现出来。

后面我将针对不同年龄的孩子给出共情技巧。请父母们从今天开始就根据自家孩子的年龄运用起来吧！

0岁

## 不要期待孩子对你的话做出反应。但是，他在认真听哦。

0岁的特点

- 逗他，他会笑
- 认生
- 模仿大人的动作

出生一个月后的孩子，虽然已经能够用笑来回应大人的逗弄，但距离听懂大人的话，还需要很长的时间。即便如此，他也在很认真地听着妈妈的每一句话。所以，当孩子哭的时候可以对他说“尿布湿了不舒服吧”或是“肚子饿了吧”。像这样多对孩子说话，多共情。即便没猜对他哭的原因也没有关系，因为对孩子来说最重要的，是妈妈的笑容和温柔的声音。

1岁

## 孩子会说话后，多对孩子重复句子的重点

### 1岁的特点

- ·会说爸爸、妈妈等简单的词语
- ·能够理解简单的指令
- ·能够回答简单的问题

当孩子开始牙牙学语，妈妈的共情能力也要再提高一个阶段了。方法其实很简单。当孩子说“我想吃零食”时，妈妈要重复这句话的重点“想吃啊”，如果之后能将对话再深入一步，那就更好了，例如，可以对孩子说：“但是马上就要吃饭了，再忍一会好吗？”等等。当然，每次都拒绝也不妥，偶尔也可以说：“那就少吃一点儿吧。”

2岁

不受父母控制的阶段。但这就是“成长”。

2岁的特点

· 会说短句
· 说『不』的情况变多
· 什么都要亲力亲为

在日本，这个阶段的孩子有一个专有名字，那就是“2岁小恶魔”，可见这个阶段的孩子是有多么令人头疼。他们把“不要”和“我自己来”挂在嘴边，并且总能把妈妈搞得精疲力竭。但这也正是成长的证明。这样的阶段在一生中仅此一次，而且持续时间只有几个月，所以妈妈们大可放宽心，甚至可以去体会其中的乐趣哦。重复孩子的话“不要是吧”，还可以问问：“为什么不要呢？”用心去体会孩子的情绪就是这个阶段父母最需要做到的。

3岁

## 不要和别的孩子做对比。用心去发现孩子的“昨天与今天”。

**3岁的特点**

· 独立上厕所
· 能帮大人做事
· 更善于与人交流

随着孩子的沟通能力不断增强，妈妈也更容易对孩子的话语产生共鸣。当你想批评孩子的时候，不妨站在孩子的立场考虑一下：“如果我是他的话……”同时，永远不要拿自己的孩子和别人去做对比，因为这只会让妈妈徒增焦虑。所以把目光放在自己的孩子身上，去发现他每一天的进步吧。只要能让孩子每天都过得丰富多彩，那他定能健康快乐地成长。爸爸妈妈们一定要把眼光放长远哦。

4岁

# 开始接触集体生活。
# 此时的重点是对孩子的生活空间①表示肯定。

**4岁的特点**

· 能自己叠衣服
· 能表达自己的情绪
· 会和朋友玩模仿游戏

4岁后的孩子开始接触集体生活，在老师的教导，以及小伙伴带来的良性刺激下，他们的成长将是飞速的。对于这个时期的孩子来说，生活中的自立将是他们最大的课题。虽然很多事情他们还需要妈妈帮忙，但是当他们把积木整齐地摆进玩具箱，或是自己选出了想要穿的衣服时，即便是小小的一点儿进步，妈妈也要及时给予孩子肯定，例如，可以用“好棒啊”“你做到了呢”等话语表扬孩子。这样就能让孩子获得充分的自信。

① 生活空间（life space），亦称“心理场”（psychological field）。德国拓扑心理学家勒温的学习场论中的一个基本概念。

5岁

# 和朋友之间的矛盾增加。妈妈要做的就是“倾听”与“共情”。

**5岁的特点**

- 有了自己的交友圈，会经常和小伙伴一起玩
- 会数数
- 会对人和动物等表示出关心

这个阶段的孩子，有了自己的交友圈，能够更好地和小伙伴们打成一片。有时他们能玩得很开心，有时他们可能会产生矛盾，妈妈这时要做的就是倾听，并对孩子表示理解：“今天很开心啊！”或是“原来是这样啊，那确实会不开心呢。”如果家中迎来了弟弟或妹妹的诞生，一定不要对老大说“因为你是哥哥”这样的话。另外，不要把孩子和他人做比较，而是去认可他所做出的每一次努力，去体会他内心的每一丝情绪。

6岁

## 做好入学准备，让孩子对小学充满期待。

**6岁的特点**

· 能够克制自己想要某些东西的欲望
· 能够遵守规则
· 会认表，会看日历

孩子到了即将入学的年龄，妈妈可能会出现“这样可上不了小学”或是“上小学前一定要掌握这些”等想法。但是请注意，一定不要给孩子施加过度的压力。这时父母的首要任务就是激发孩子对上学的兴趣。“会遇到什么样的老师呢”“能交到好多新朋友呢”，等等，像这样同孩子一起期待入学后的生活，不断增强孩子想要上学的意愿，这样他的小学生活就能够拥有一个良好的开端。

# Part 2

## 实践篇

# 如何做到『温柔育儿』

温柔育儿实例 ①

# 把小朋友咬了

孩子在早教中心玩的时候，和不认识的小朋友抢玩具，突然就把对方的胳膊咬了。我马上拉开他，并批评他“不能咬小朋友”，然后给对方的妈妈道了歉。我的处理方式对吗？

（1岁3个月 · 男孩）

妈妈调查 批评？不批评？

早教中心
你家孩子几个月了？
你好！
一岁两个月了。
他俩大小差不多啊。以后也可以一起玩呢！
好啊！
呜呜呜！
啊啊啊！
喂喂，要和小朋友好好玩啊！
喂
对不起……
最近他总是会抢小朋友的玩具……
没事！
咬！
啊啊啊！！
哎、哎、哎呀！！
不能咬人啊！！
发呆……
对不起……实在是太对不起了……
没事没事，我们也有不好。
在对方妈妈的面前狠狠批评了孩子……
可正确的做法应该是怎样的呢？

对于没有恶意的孩子，批评是毫无意义的。妈妈要做的就是防止孩子与周围的人发生矛盾。

1岁的孩子是不会去故意“伤害别人”的，所以在我看来，批评他们“不能咬人”没有任何意义。所以，与其批评，不如站在孩子的立场考虑一下，是什么造成了孩子咬人的。也许，是因为不能很好地表达内心的想法一时着急；也许，对方小朋友已经不止一次抢过他的玩具。如果父母不问缘由地斥责，那孩子既不会反省，也不会认识到自己做了错事，只会感到困惑：“为什么我都已经很不开心了，妈妈还带着这么吓人的表情对我发脾气呢？”

遇到这种情况时，蹲下身去平视孩子的眼睛，轻声问一句：“怎么了？”即便1岁多的孩子还不能用语言阐述事情的缘由也没有关系。妈妈的关心能让孩子的心情平静下来，而这才是最重要的。

2～3岁的孩子已经可以用语言和人交流了。妈妈可以在做好共情的同时，帮助孩子表达内心的想法。例如，可以对孩子说：“想玩小朋友的玩具对吧？”“其实你不想咬人的对吧？”在孩子切身体会到“妈妈依然是站在我这边的”后，妈妈可以把对方小朋友的感受也告诉孩子：“小朋友被咬了是很疼的，而且会很伤心！”让孩子明白这样做是不可以的。

另外，还有一件重要的事情，就是妈妈要尽可能地防止孩子与周围的人产生矛盾。孩子在进入幼儿园或托管班之后，才会在集体生活中逐渐学会如何与其他小朋友交往。在这之前，他们是不知道该怎样回避冲突的。所以家长一定不要让孩子独自在一边玩，自己却沉迷于手机中。随时关注着孩子，引导他如何与其他小朋友交往才是妈妈应该做的。若是对方的孩子哭了，也要给予巧妙的引导。例如，可以对孩子说："要不我们玩这个玩具吧。"

若是出于"照顾对方妈妈的感受而批评孩子"，其实大可不必。只要诚心诚意地向对方妈妈道歉就可以了。只要孩子差不多大，基本上对方妈妈都是可以理解的，所以不会过于计较。再加上妈妈一直在旁边关注，孩子即便发生争执，也不会造成大的伤害。

## 教育要点

- 尤其是3岁以内的孩子，他们做事是不会有恶意的。所以即便批评，效果也不明显。
- 对于3岁以上的孩子，要在充分表达对他的理解后告诉他什么是不能做的。

**首先，对咬人的孩子的情绪表示理解。然后，诚心地向对方妈妈和孩子表达歉意。**

温柔育儿实例 2

# 动不动就“爬高上低”，危险动作接连不断

我家孩子吃饭的时候爬桌子、上椅子，在公园攀围墙、登围栏，只要遇到高点儿的地方马上就会爬上去。每次都提醒他：“这样太危险了，不可以！”可不管说多少次他都置若罔闻。是不是应该对他再严厉一些呢？

（3岁·男孩）

妈妈调查 批评？不批评？

批评 70% 30% 不批评

我家孩子不知道为什么……
我吃饱啦！
动不动就……
爱往高处爬。
啊！
哦，哦！
昨天在公园也是……
蹦……
呀！
摇摇晃晃
总之，就是经常会有危险动作，我一忍不住……
喂！快点下来！
挣扎
不要！不要！
出溜——
嗖——
啊！
啪！
不行嘛！
不是说了
糟了……
哇——
妈妈好可怕！
到底该怎么办啊……

回避风险是父母的责任。对被吓到的孩子给予理解，也是相当重要的。

事实上，3岁的孩子还无法区分事物“是否危险”，至少要到4～5岁，他们才会对危险开始有所认识。登高，能让孩子拥有与平时不同的视角，而旺盛的好奇心则令他们乐此不疲。另外还有一种说法是，由于人是由类人猿进化而来，所以孩子爱爬高是出于人类的本能。因此，**对于一个还不能理解何为危险的孩子来说，批评是毫无意义的。**父母需要做的，就是提前为孩子清除身边的危险因素。

若是椅子太高，那就换成矮凳子，周围再铺上软垫子，这样即便孩子摔下来也不会受伤。为了应对我那4岁外孙女和不满1岁的外孙，我家的对策就是在桌子周围铺满拼接式爬行垫。若是出门在外，就要对孩子的行为进行预判，让他尽量远离高台；玩球的时候尽量找不容易让孩子摔倒的地方；等等。创造不必斥责孩子的环境，远比事后的批评更重要。

但要想完全规避危险也确实不易。**当孩子遇到危险，感到害怕的时候，父母首先要做的是对孩子的情绪表示理解，比如温柔地说一声：“害怕了吧。”在这个基础上，可以耐心地告诉孩子这样的行为会造成什么样的后果。**在这样一次次耐心的教导下，孩子会逐渐体会到妈妈并非在开玩笑。同时，伴随着成长他也会渐渐学会判断“何为危险”。

另外，还有一类经常在这个年龄段孩子身上发生的事件，那就是在追球的过程中冲向车来车往的马路。这个时候，家长会很自然地吼出：“不行！危险！！”虽说批评孩子时要避免大吼大叫，但这种场合首先要做的，是阻止更进一步的危险发生。

若是妈妈的声音吓到了孩子，那就在事后给他一个大大的拥抱，告诉他："吓到了吧，对不起哦！刚才是因为太危险了，妈妈才会喊那么大声的。"这样，孩子能够切身体会到"妈妈对自己有多重视"，同时能逐渐对危险的事物有所了解，也就不会再有危险动作了。

## 教育要点

- 至少要4～5岁以后的孩子才会逐渐理解什么是危险的。
- 父母需要提前为孩子排除危险因素。



**孩子遇到危险的事情后，父母要先做到共情，再去解释为什么这件事是危险的。**

温柔育儿实例 3

# 不管说多少遍就是不整理

“玩完了要收拾好哦”这句话我不知道说过多少遍了，可每次玩完玩具她还是会扔得到处都是。所以我总会忍不住吼她：“去收拾好！”明年孩子就要上小学了，有什么方法能够让她收拾好手头的玩具再去进行下一项活动吗？

（5岁 · 女孩）

妈妈调查 批评？不批评？

我家姑娘5岁了。
可她就是不会收拾东西……
我说过多少遍了，进行下一项活动之前要把刚才玩的东西收拾好。
烦躁
真是的……没办法啊！
唰
唰
下一个……
扔
下一个……
扔
!!!
乱糟糟……
你够了吗！！
啊！！！
哇……
没事吧？
ツン
ツン
妈妈也不收拾了。
放弃

通过训斥让孩子做事，孩子只是出于恐惧才去完成任务。父母应想办法『让整理变得有乐趣』！

虽说没有必要因为“就要上小学了”而给孩子施加过多的压力，但对5岁的孩子来说，也确实应该可以做到归纳整理了。相反，若是一个2岁的孩子已经能够整理物品，那我反倒觉得有点儿吓人了。在前面我提到过，对小孩子来说，把房间弄乱是他们的工作，是学习的一种方式。

对于怎么提醒都不听的孩子，有些妈妈会吼他们：“快点收拾！”但这只会让孩子因为恐惧而去完成任务，对孩子真正养成归纳整理的习惯没有任何帮助。有些妈妈甚至还会威胁孩子：“如果不收拾好就不许吃晚饭。”其实通过这样给孩子施加恐惧而让他对家长言听计从，已经和虐待没什么区别了，家长们千万不要这样。

若是希望孩子养成归纳整理的习惯，父母则不能居高临下地命令孩子“快去做”，而是要下功夫让孩子感到“整理是件有意思的事情”。我在家的时候就会和4岁的外孙女比赛收拾东西，我会对她说：“和姥爷一起收拾东西吧！比比谁更快好不好？”然后她就会一边开心地收拾，一边叫着：“收拾好啦！”或者，妈妈还可以作一首整理之歌，然后邀请孩子：“在这首歌唱完之前和妈妈一起整理好不好？”只要能让孩子感受到整理是件有意思的事情，那今后即便不是和妈妈一起，孩子也能自己做好。

另外，很多时候孩子不愿去整理，其实是因为不知道该从何下手。所以能否想出一个小朋友也能轻松掌握的收纳方法，就是对妈妈们的考验了。我个人建议用孩子比较容易辨别的颜色分类法来进行区分，例如，积木放在黄色箱子里，毛绒玩具放进红色箱子。当整理干净后，可以鼓励孩子：“收拾干净了，真棒。”或是对孩子说：“比昨天收拾得要快呢。”等等，让孩子获得足够的成就感。

除此之外，很多妈妈还会犯一个错误，那就是为了节省时间而全部包办，与其让孩子动手，不如自己收拾更快些。但其实这样做是不对的。如果孩子从没有体会过“杂乱会给游戏或生活带来不便”，那他自己永远也理解不了整理的重要性，也就永远都学不会整理了。所以每次不必要求他把全部东西都收拾好，忙碌的时候只做一部分就好。但家长一定要和孩子一起，帮助他养成整理的好习惯。

## 教育要点

- 要想办法让孩子感到“整理是件有意思的事情”。
- 要给出一套让孩子能轻松掌握的整理方法。

招呼孩子“和妈妈一起干吧”，
让整理变得有乐趣。
收拾完要给予孩子肯定：“看，
变干净了呢。”让孩子获得成就感。

温柔育儿实例

4

# 去超市会因为不想回家而躺在地上不起来

每次去超市，她肯定都会躺在地上闹着不回家。除非我说“妈妈先回家了”，然后假装离开，她才会哭着跟我走。去公园也是一样，经常因为她不愿回家害得我被蚊子咬得满身包。而我一心烦就会吼她：“回去了！”然后硬生生地把她拉回家。心好累……

（3岁 · 女孩）

妈妈调查 批评？不批评？

80% 20%

批评 不批评

公园里
好啦！
差不多该回家了。
不要！
还要玩！
走吧，我们还要去趟超市呢！
呜——
拉
……
哇呀——
五点半啦……
哇呀~~~
蚊、蚊子!!!
啪
烦躁、烦躁、烦躁
终于到超市了
哇——还没看够——
好啦，走啦！！
好，好丢人！
对不起！
到底要怎么办才好啊？
推
呵呵呵……

## 一定不能把孩子丢下自己离开！让孩子感受到『妈妈能够理解我的心情』是十分重要的一件事

躺在地上耍赖，其实就是之前我所提到过的“不要不要”。这是孩子成长过程中可能会出现的正常现象，而批评只会让这种情况加剧。所以妈妈们，有没有觉得自己白白发了一顿脾气很不划算啊？另外，当孩子躺在地上不想回家的时候，是否有些妈妈是出于担心周围人的目光，**怕别人说自己“没教好孩子”才会批评孩子的呢？当然，我并不是说完全不用在意周围人的目光，但首先，我们可以扔掉那些不必要的虚荣心。**

孩子若是躺在地上，家长首先要试着去了解孩子的真实想法，问问他：“怎么了？因为我说了‘回家’所以不开心吗？”可能你要花费30分钟，孩子才会起身和你回家，但这个时候最重要的是让孩子感受到“来自妈妈的关怀”。若是每次遇到这种情况你都能耐心处理，那孩子就会慢慢明白，就算不躺在地上耍赖，妈妈也能理解自己。

孩子在公园不想回家的时候也是一样。妈妈不但需要耐心，还要足够重视。把孩子的“不配合”当作家庭教育中的一个重要时刻认真对待。若是蚊子会让你感到烦躁，那出门的时候要记得带上防蚊喷雾。

如果实在没有时间，急着要离开的话，那我还有一个撒手锏。把手放在孩子腋下抱起他，一边挠他痒痒一边说：“我们走喽！”试着让孩子在欢笑中离开。孩子会认为妈妈这样是在和他玩，所以应该会很开心的。这样不但能扭转局面，还能转换孩子的情绪。我曾经在一次演讲中说过这个方法，演讲的第二天就有妈妈反馈说：“效果立竿见影！”

这种情况下有一种常见的错误的做法，那就是不管孩子，自己转身离开。你可知道，突然找不到妈妈对孩子来说是一件多么恐怖的事。很多妈妈可能对此不是很在意，认为

"躲在孩子看不到的地方看着他就不会出什么危险"，但这个行为对孩子内心造成的伤害其实是相当大的，请一定不要再这样做了。只要妈妈能够给予孩子足够的关心，那他的内心就会逐渐成长起来，到那时你会意识到"现在的这些烦恼真的只是暂时的"。

## 教育要点

- 让孩子感受到“妈妈的关心”是处理此种情况的要点。
- 转身离开只能给孩子的内心留下恐惧的阴影。

**蹲下身子问问孩子“怎么了”，耐心等待他自己站起来。没有时间的话，可以以玩的形式带孩子离开。**

温柔育儿实例 5

# 浪费食物！吃东西的时候还到处溜达

好不容易做好的辅食，孩子没吃几口就搅和得乱七八糟，还扔着玩。而且她无法长时间集中注意力，总是一边吃饭一边到处溜达，从来没有好好坐下吃一顿完整的饭。

（1岁6个月·女孩）

妈妈调查 批评？不批评？

批评 65% | 35% 不批评

嚼
嚼
好啦！等着急了吧！
吃吧！
好啦！再稍等一下哈！
喂
扭头
不能浪费食物啊！！
？
啊！不行不行！！
扔
扔
跟你说过多少遍了，不能浪费食物！！
拜托了！好好吃饭行不行！！
吃饭的时候不能乱走！！
好啦！
啊！啊！！
哗啦
哎呀！
扭头
每顿饭都是这样，好累啊！我该怎么办啊……
我不行了……

强迫孩子吃饭只会起反作用。一定要让孩子在幼儿时期就感受到『吃饭是件有意思的事』。

把食物扔在地上，看着妈妈无奈地去收拾却又捡不起来的样子，对孩子来说是一件特别有意思的事。尤其是1岁以后，随着孩子的辅食由泥状变为块状，他们发现被扔出去的食物会在地上打滚，而这一发现也会让他们感到十分有趣。

这个时期与教给孩子不能浪费食物相比，其实更重要的是让孩子获得足够的安全感，让他知道每次他把食物扔到地上妈妈都会帮他捡起来。如果担心地板被弄得脏兮兮，那可以在地上铺一些单子或者报纸。妈妈在捡的时候可以一边笑着一边对孩子说：“又——弄掉啦。你真厉害。”其实孩子这样把食物扔在地上玩的行为，真的是转瞬即逝。如果不把它留在记忆中，那真的是很可惜呢。

另外，我认为孩子爱四处乱窜其实是好奇心旺盛的一种表现。有些妈妈可能会说：“你吃饭太没规矩了，快坐好！”或是“坐好是最基本的餐桌礼仪！”但刚刚1岁多的孩子还无法理解什么是餐桌礼仪。到孩子2岁左右时，有时就能够好好坐着吃饭了。这时妈妈一定要表扬他：“一直坐在座位上把饭吃完了呢！你太棒了！”这样的场景重复几次后，孩子就会意识到：“我能行！”从而使他的自我肯定感得到提高，好好坐着吃饭的欲望自然也会加强。

除此之外，还有不少妈妈会为孩子挑食而发愁。其实对食物有好恶是件很正常的事情，即便是成年人不也是这样吗？我很理解妈妈们是希望孩子能够获得均衡的营养，但真的不必太过在意。其实，就如我在第一章第46页提到过的，父母是否对孩子吃东西这件事有些关注过度了呢？若是妈妈每次都皱着眉头逼宝宝“再吃点儿，再吃点儿”，那他一定会不开心。所以在这个阶段，相比让孩子克服挑食，更重要的是让孩子感受到“吃饭的乐趣”。

现在，大人只要自己做到不挑食，和孩子一起吃饭时表现出吃得很香，而且不浪费食物，这就足够了。一家人若能每天都在一起开心地吃饭，那有一天你就会突然发现，孩子吃饭时那些让你发愁的行为不知什么时候已经不见了。

## 教育要点

- 对食物有好恶是很正常的，无须过于在意。
- 喜欢到处乱窜是好奇心旺盛的表现。孩子要三四岁以后才能逐渐理解什么是餐桌礼仪。

**孩子乖乖坐着吃饭时一定要夸他“做得真棒”。对孩子挑食不用太在意，大人在孩子面前要表现出吃饭是一种享受。**

温柔育儿实例
6

# 兄弟俩吵架，哥哥把弟弟打了

本以为兄弟俩在好好玩积木，谁知道哥哥竟然把弟弟打哭了。我虽然批评了哥哥“绝对不能打人”，但这种情况还是会经常发生。心好累！怎么才能让他们和睦相处呢？

（6岁和4岁·男孩）

妈妈调查　批评？不批评？

两个人好好玩哈！
看！是○▷号！是不是很厉害！！
啊！那是我的轮子！！
啪
嗖——
算了，再做一个……
要不，哥哥给你做个隧道吧！！
嘿呦，嘿呦……
会很厉害哦……
激动
让妈妈也看看！
!?
砰！
撞塌
你太过分了！！
啪！
哇——
!?
!!
我不是说过嘛！绝对不能打人啊！！！
好了好了，打疼了吧？
妈妈
……

用批评老大的方法来解决矛盾是错的。妈妈的责任是听取双方的解释，并做好共情。

兄弟俩发生矛盾的时候，你是否不问缘由，每次都是用批评老大的方式来解决问题呢？当然，打人确实是不对的，但老大应该有他自己的理由。有可能是因为他准备给妈妈看的好不容易用积木拼好的机器人，却被弟弟弄坏了。就算是成年人，如果辛辛苦苦准备好的资料被弄得乱七八糟，也是会发脾气的。孩子也是一样哦。

兄弟间的矛盾，很多时候是分不清谁对谁错的。所以我认为妈妈的任务就是认真听取双方的解释，让两人都感受到是被平等对待的。

首先，问问哥哥：“怎么了？为什么要打弟弟呢？”面对孩子可能会给出的各种各样的说法、解释，妈妈要表示理解：“是这样啊，我懂你。”对于弟弟给出的解释，妈妈也要认真倾听。在这之后，妈妈可以坦诚地表明自己当时的想法，例如，可以这样对孩子们说：“妈妈理解哥哥的心情，也能明白弟弟的心情。你们两个都有道理，所以我也有点儿发愁了。”接下来，妈妈要做的就是成为兄弟俩之间沟通的桥梁。例如，可以先对哥哥说：“我认为弟弟是因为哥哥做的机器人太棒了，所以才想摸一摸的。但是因为这样被打，弟弟不但会疼，还会伤心呢。如果下次弟弟再做了什么让你不开心的事，可以在打他之前先来告诉妈妈吗？”再对弟弟说：“哥哥能做出那么帅的机器人，是不是特别厉害。但是积木是很容易塌的，下次在摸之前先问问哥哥‘我能摸摸吗’，好不好？”

几次之后，兄弟俩就渐渐不再需要妈妈的介入，可以自己解决矛盾了。

解决兄弟间的矛盾，最重要的是认真听取双方的解释，让两人感受到是被平等对待的。另外，对两人还无法表达出的情绪，妈妈要充当他们的桥梁，替他们说出来。记住这两点就可以啦！

## 教育要点

- 对两人的解释要认真听取、公平对待。
- 妈妈要做沟通的桥梁，替双方表达出内心的情绪。

先问问：“怎么了？”听听双方的解释，并对他们表示理解。在此基础上，向双方提出建议，例如，可以这样建议：“我觉得这样比较好。”

尾木妈妈专栏

## 妈妈的过分干涉会妨碍孩子的成长吗？妈妈们要认识到让孩子自己做决定的重要性

现在的妈妈们，绝大多数都生活在自己的小家庭中。丈夫每天要加班到很晚，照顾孩子只能靠自己。她们为家庭、为孩子所做出的努力，真的让我特别钦佩。但是如果照顾过度，就有可能会在不知不觉中做出一些妨碍孩子成长的事情。

在孩子的成长过程中，对他们影响最大的，就是父母的过度干涉。抱着要教育好孩子的心态，父母是否会无意识地在孩子做出反应之前就先替他做了决定，还会命令他怎样做？

坐这里、穿这件衣服、穿这双红鞋、玩具要玩这两个……**若是万事都由妈妈做主，那孩子的自主性及独立性就无法得到培养，从而导致孩子成年后也无法独立做出决定。**说不定将来孩子在交友甚至选男朋友时都会来问：“妈妈，您觉得谁好啊？您帮我选吧！”

最能够培养孩子独立性的做法，就是从一点一滴的小事做起，尽量制造需要由孩子自己做决定的场景，尽管这样做会比由家长做决定要耗费更多的时间。

举个例子。一个阴云密布的早上，孩子站在门口准备穿鞋。这时，妈妈可以简单地告诉孩子：“今天可能会下雨，穿长靴吧。”也可以让孩子自己做出选择。当然，天气之类的要素妈妈一定要提示孩子哦。例如，用提问的方式：“今天看起来好像会下雨哦，你想穿哪双鞋呢？”孩子可能会说：“我不要穿长靴！我要穿那双新买的粉色的鞋子。”这个时候只要按照孩子说的去做就好。虽然很可能走到半路就开始下雨，新买的鞋子被弄得湿淋淋的。

但这是孩子自己的选择，就算她会伤心，但也会接受这个结果，下次再遇到类似的情况她就会好好考虑如何选择了。若是这次的选择很正确，那孩子就会更加自信，更加有决断力。若是因为妈妈的决定而导致鞋子被雨水弄湿，那孩子一定不会轻易接受，并把错归咎于妈妈。

自己做选择、自己做决定，这样的经验不但可以促进孩子独立，还会坚定孩子的自我肯定感，让它变得不可动摇。

在我的一生中，我的父母对我所做出的所有决定从没表示过反对或是批评，即便这个决定使我的人生发生了重大的转变。例如，我高中一年级的时候，曾因体育老师过度体罚学生而罢课。由于体育课没有分数，我决定复读一年。对此，我的父母尊重了我的意见并且没有半句不满。我想，一定是因为他们对我足够信任吧。除此之外，我还经历了很多很多的事情（没想到我的人生还挺惊心动魄的呢），而所有的重大场合，父母都是让我自己做决定的，我也因此而获得了足够高的自我肯定感。

根据孩子的年龄和发育水平，父母可以在日常生活中为孩子创设出许许多多需要由他自己做决定的场景。对于忙碌的妈妈们来说，这样做可能会更令人心急，但这种经历对孩子的成长以及将来是否能够独立来说是必不可少的。所以希望妈妈们一定要尽可能多地给孩子创造自己做决定的机会。你可以从比较简单的事情入手，例如在门口摆3双鞋子，问问孩子：“今天想穿哪双呢？”希望大家从今天开始就行动起来吧。

# Part 3

# 妈妈们，你们真的已经很努力了

## 来自尾木妈妈的声援

不批评技巧 17

# 谁都是从“新手妈妈”成长起来的！失败是理所当然的

读到这里，相信会有一些妈妈在想：“我知道不应该批评孩子，但以前已经批评过太多次，现在该怎么办啊？”

可能还会有些妈妈为此感到沮丧。但其实不用担心，这个世界上没有哪位妈妈是一开始就能事事都做到完美的。尤其是第一次生宝宝的妈妈，犯错误是再正常不过的了。所以妈妈们，尽管放宽心，在犯错、懊悔、纠结中，和孩子一起慢慢成长吧。我现在虽然经常在各种媒体上针对教育问题向大家提出种种建议，其实我在教育自己孩子的过程中也是犯过很多错误的。

尤其是我的二女儿，她可没少让我费心。她属于比较淘气的类型，小时候经常在学校惹麻烦，还曾经在半年之内被请过3次家长。一次是因为在走廊里用灭火器喷洒灭火剂；一次是在教室里对着操场放烟花；还有一次是设置了小机关，让班主任在推开教室的门时不但被掉下来的黑板擦砸中，同时还引炸了纸炮。虽然她搞这些恶作剧是出于好奇心

## 接连犯错

或是想逗别人开心，可她毕竟是“教育评论家”的女儿啊！当时确实让我感觉有些抬不起头来。

不过现在回想起来，这就是常说的“为人父母也难免会犯错”吧。在孩子的成长过程中，父母一心“希望孩子成为一个出色的人”，所以会把太多的爱与关心倾注在孩子身上，有时甚至会因为倾注过多而适得其反。但这时，父母只要意识到问题所在，及时反省、改正，让自己也成长起来即可。

日本有一句俗语是“育儿即育己”，就是说家庭教育并不仅仅是教育孩子，父母也要和孩子一同学习、一同成长。所以我认为家庭教育是一件很有趣也很了不起的事情。

父母也会有犯错和迷茫的时候。所以，和孩子一起慢慢成长起来吧。在这个过程中，即便犯了错也不要紧，只要给孩子纯粹的、全身心的爱，就可以解决绝大部分的问题，让孩子茁壮成长。

不批评技巧

# 18

## 上班族妈妈也无须担心！孩子感受到的爱与父母陪伴他的时间并不成正比

当妈妈们休完产假准备回到工作岗位时，相信大家多少都会有些担忧吧。其中有长时间休假后，不确定能否快速回归工作中的不安，而更多的则是担心长时间与孩子分离会不会造成孩子缺爱。

其实家长们大可放心，因为孩子感受到的爱与他和父母在一起的时间并不是成正比的。重要的是陪伴时的“质量”。

例如，妈妈下班后去幼儿园接孩子，孩子在找到妈妈后会开心地跑过来，妈妈则会紧紧抱住孩子。两人都很想念对方，见到对方很开心的心情，就凝聚在了这一个拥抱中。这可是只有不能长时间在一起的人才能体会到的浓浓的深情。

回家后，妈妈可能会有各种各样的事情要忙，但是一定要问问孩子今天在幼儿园都发生了什么事情，这很重要。记得要一边听孩子叙述，一边应和哦。例如，可以边听孩子讲边说：“××是这么说的啊！”“呀！幼儿园还有这么好玩的绘本呀！”等等。这样的对话不但能帮助家长了解孩子在幼儿园的情况，还可以加深亲子间的感情。就算只能抽出5分钟和孩子交流，那也能让孩子内心感到十分满足。

看着孩子在集体生活中一点点成长起来，也不失为一种乐趣。老师会从专业的角度把孩子每天在幼儿园的表现告诉家长。孩子如果表达能力已经足够强，那他就能够自己将在幼儿园所学的知识告诉妈妈，其中可能有些连妈妈都不知道。

## 让短暂的时间也变得充实

每个孩子都需要有属于自己一个人的游戏时间，但同时，有一些能力也只有在集体中才能获得。尤其是在托管班这种不同年龄段孩子都存在的集体中，大孩子还能学会体谅年纪小的孩子。除此之外，孩子还容易产生“下次我要做得比××好”这样的竞争心态，而这种心态也能成为孩子成长、进步的动力。

## 即便一整天在一起……

“每天早上在幼儿园门口都要哭。”

相信这是很多妈妈都很头疼的问题，甚至可能因此认为是自己从小把孩子送去幼儿园而导致孩子缺爱，从而感到很自责。

其实事实恰恰相反。孩子与妈妈分别时会因为伤心而哭泣，这正证明了孩子对妈妈的依赖。因为孩子感受到了妈妈的爱，才会依赖妈妈，在分别时才会哭。所以孩子哭的时候非但不应该自责，反倒应该自豪才对，因为你们之间已经建立起了基本的信任关系。

俗话说：“三岁看大，七岁看老。”婴儿时期的经历及家庭教育确实能够影响孩子的将来。所以有些老人会认为“3岁前妈妈要一直陪在孩子身边”，而这也让很多妈妈感到很失落。

但是我敢断言，真的无须担心！我见过很多小时候上托管班的孩子，他们的身心都很健康。只要妈妈能够利用好和孩子在一起的时间，给孩子充足的爱，孩子就不会缺爱。父母、祖父母、老师和朋友等，来自更多人的爱反倒会刺激孩子更茁壮地成长，所以妈妈们尽管放心去工作吧！

不批评技巧

# 19

“男女的大脑结构是不同的！”只要能明确这点，那妈妈也就能够和爸爸和睦相处了

我曾有机会参与一本杂志的问卷调查，内容是关于什么事情会让妈妈们感到头疼。有相当一部分妈妈表示，“丈夫不能理解自己的心情”会让她们感到很烦躁。现在社会中的很多观点都是建立在妈妈是育儿主体的前提下的，如“让爸爸加入到育儿中去”“爸爸协助妈妈”等，所以妈妈们会感到不满也是情有可原的。

这里，我想让那些因为爸爸们的行为和态度而烦躁的妈妈知道一点，那就是“男女的大脑结构是不同的”。当然，其中也不乏存在个体差异。

最近几年的脑科学表明，男女所擅长的领域是不同的。尤其是思维方式，男性更善于根据事物的起因、经过、结果来进行“理性的对话及思考”，而女性则更擅长“感性的对话及思考”。

举个例子。两位妈妈之间是不是会有类似这样的对话：

“你今天的衣服好漂亮啊！”

## 为什么爸爸总是……

“是吗？正好赶上特价，我看挺可爱就买了。”

“运气这么好！好羡慕啊，在哪家店买的啊？”

“就是在××的旁边……”

像这样，由于两人产生了共鸣，所以会越聊越开心。

相比之下，男性更偏向于进行有理有据的、更理性的对话，那些不会得出任何结论、喋喋不休的谈话则会让他们感到头疼，因为他们不明白“你到底想表达些什么”。

这并不代表孰优孰劣，只是男女间存在差异的一个明显表现而已。所以，我希望妈妈们能够理解，与爸爸沟通不畅、感到不被理解等状态，从某种角度讲是很难改变的。

在此基础上，我想对爸爸们说，女性是需要共情的生物，所以希望你们能够认真倾听她们的话并给予适当的回应。比如“嗯嗯，有道理”。妈妈们并非是想要得出某个结论或是找到什么解决方法，而只是希望通过倾诉来获得理解与认

同。因为这能让她们暂时卸下肩上的担子，同时更有信心去面对今后的生活。

另外，由于女性大脑的巧妙构造，使得女性更擅长同时处理多种事情，所以她们能够一边照顾孩子，一边麻利地做家务。但男性在这方面就明显不如女性，若要在带孩子的同时还处理家务，那真的就会让他们感到力不从心了。“我还不是一边做饭一边陪孩子玩嘛，爸爸怎么就……”下次再有这种想法的时候只需想一下，这是由于大脑构造不同造成的，那就可以释然了吧。

育儿并不仅仅是妈妈一个人的责任，若是把育儿的重担全部压在妈妈身上，那她很快就会崩溃的。养育孩子是一件非常了不起的工作，而且是夫妻二人共同的工作。所以，尽管今后还会有很多被爸爸搞得很恼火的情况发生，但请认识并接纳双方的差异，夫妻协力把孩子带好吧！

不批评技巧20

# 妈妈也是普通人！若是批评孩子有些过分，真诚地道歉即可

有些妈妈心里清楚不应该批评孩子，但有时可能会因为控制不住自己的情绪而提高了说话的音量，有时甚至会给孩子头顶来一巴掌。夜晚，妈妈看着孩子熟睡的面容，又会在心里默默地对孩子说“对不起”，有些妈妈甚至会流下懊悔的眼泪。

其实妈妈也是普通人，难免会一时冲动。尤其是宝宝还小的时候，由于宝宝时刻需要照看，所以妈妈总是会处于紧张状态。出于要保护孩子的心理，有时她们也会下意识地大声说出“不行”“停下”！尤其是对于现代的小家庭，妈妈肩上的负担可以说是相当大的。

**当你意识到自己“无意中批评了孩子”，只要真诚地向孩子道歉就好。**给孩子一个大大的拥抱，对他说：“对不起，我刚才对你发脾气了。”不要等到孩子睡着后跟他道歉，而应在他醒着时，这点可千万不要搞错哦。

“妈妈抱我了，还向我道歉了”，这样的体验对孩子来说也是一种学习。这能让他们在将来犯错后也能真心地说出“对不起”。

另外，对孩子的成长发育做出正确的预判也是帮助妈妈们控制情绪、防止情绪化的一种有效方式。正确的判断有助于妈妈们冷静地对待孩子，能够令她们清楚地意识到“这个叛逆期再过几个月就结束了”或是“孩子是在集体生活中受到了过多的刺激，所以态度才会变成这样的”，等等。所以，我建议大家去找一本能够反映最新的大脑科学，并且有助于你对孩子的成长做出预判的书来读。可以在空闲的时候慢慢读，但请一定要执行。

孩子是爱妈妈的。只要妈妈真诚道歉，孩子是一定能够理解妈妈的心情的。

不批评技巧

# 21

## 绽放在现在！“现在是为了将来”其实并无意义

有人拜托我签名时，我经常会给他们写“做真实的自己，绽放在现在”。2015年，箱根驿传（译者注：全称为东京箱根间往复大学驿传竞走）的获胜队伍——青山学院大学的选手们，为来年的比赛创建了新的口号，那就是“享受现在”。从中我们可以看出，选手们并非希望这场比赛在将来为他们带来些什么，而只是想要享受当下这一耀眼的瞬间。

其实我是想说，“现在的所作所为是为了将来能够××”，这样的想法从某种意义上讲是存在一定的危险的。若是掌握不好尺度，很有可能会剥夺孩子童年的乐趣，甚至剥夺他体会作为人类成长的机会。

例如，现在很热门的××式或者×格计算等早教，他们打着“刺激孩子大脑发育，让孩子变得更聪明”的旗号，来吸引妈妈们的目光。我可以理解每月交着不菲的学费送孩子去学习的妈妈们的心情，但是，会速算或是跳得高对孩子的将来真的有意义吗？对此我表示怀疑。

当然，为了孩子的将来，必要的准备还是需要的，但“现在就是为了将来”这种思考方式，说好听是忍耐力强，在我看来其实是一种不好的习惯。

现在的日本教育，从小学到高中进行的全部都是忍耐教育。为了进入好学校，为了进入好单位，现在所做的一切全都是为了将来。但如果学习只是为了升学或就业，那上小学就仅仅是在为升中学而做准备。同理，中

这一切，到底是为了什么？！

学也只是在为升大学做准备，这些阶段其实已失去了它本身应有的意义。

儿童时期并不只是简单地向成年人过渡的预备期。孩子们每天在尽情地玩耍，偶尔还会哭、会笑、会生气。白天他们尽全力生活，晚上再酣然睡去。这时对他们最重要的，就是让他们做真实的自己，尽情地去享受“现在”的每一个瞬间。

我上高中时，由于无法接受应试教育，所以放弃了那些针对考试的学习，而是自己选了很多古籍如《枕草子》《论语》等来读。这个选择导致我复读了一年高一，考大学也失败了好几次，但是我从未因此而后悔。相比为了升学考试而让自己的青春变得一片灰暗，我的高中生活可是相当充实而精彩的呢。

如果说，“现在”仅仅是为了“将来”的成功做准备，那我们的一生中将有一大半时间在为了不确定的将来而努力，而这些努力很多都只是徒劳而已。

人类的成长过程，到几岁才算是“完成”了呢？

18岁？20岁？30岁？……都不是。我认为人是无时无刻不在成长的。无论是5个月，还是3岁，人在各个阶段都有不同的成长任务，而且一旦错过就再也无法重来。

如果让孩子错过那种生气勃勃的状态就实在太可惜了。所以，房间可以乱一点儿，吃饭可以简单点儿，但请一定要陪孩子享受当下的精彩。一个个精彩的现在，在10年、20年后，定会堆积起一个精彩的未来。

尾木妈妈
再教教我！

# Q&A

## Q 能利用智能手机的应用程序来教育孩子吗

智能手机中有一款“用鬼吓唬孩子”的应用程序，孩子不听话时我就会用这个程序吓他，还挺方便的。但是，这么做是不是不好啊？

（1岁·男孩）

## A 对于还无法区分虚拟与现实的婴儿来说，这种刺激过强了！

先说结论，我希望你能够停止这种做法。对成年人来说相当于玩具的东西，却会给小婴儿带来极大的刺激。有些孩子甚至因为有些应用程序的刺激而出现夜啼，或是开始吃手的现象。孩子至少要到3岁左右才能够区分现实与虚拟世界，所以还是由真实的妈妈来教育孩子吧。

## Q 孩子太认生了

孩子很认生，不会和刚认识的小伙伴一起玩。我要怎么做才能让他和谁都能玩到一起呢？

（3岁 · 男孩）

## A 孩子认生恰恰是亲子关系良好的象征。

和陌生人也能友好相处，这是成年人才需要掌握的技能，对孩子也做同样的要求就有些苛刻了。孩子之所以会认生，正是因为他认识到了妈妈是他安全的港湾，也就是说，孩子已经和妈妈形成了良好的信赖关系。所以妈妈们大可以自信起来。从小就和父母建立起良好的“亲子信任关系”的孩子，在进入集体生活后也能够顺利构建起属于他与其他小朋友的世界。所以，现在就请放宽心吧！

## Q 坐地铁会发出奇怪的声音

我女儿1岁半，每次坐地铁她都不能老老实实坐在座位上，而且还会发出“叽——叽——”的奇怪声音，引得周围的乘客对我们侧目而视。这也会让我变得急躁，忍不住凶她，让她“安静坐好”！

（1岁6个月 · 女孩）

**A 父母要为孩子创造“无须受批评的环境”。**

让1岁的孩子理解何为公共场所是不可能的，至少要到孩子3～4岁才会对这个概念有所理解。所以妈妈们的任务就是为孩子创造一个“无须受批评的环境”。孩子会发出奇怪的声音，一般是为了吸引妈妈的注意。所以想让孩子安静下来不应批评她，而是让她坐在妈妈膝盖上抱着她，或者拉着她的手，通过肌肤的接触给予她足够的安全感。这样，孩子基本上就能够平静下来。另外，还要注意避免在孩子犯困的时间带孩子去公共场所。

## Q 游戏千篇一律

生宝宝之前我很少和孩子接触，所以现在陪宝宝玩的时候会很没有自信，常常想：“游戏是不是太千篇一律了？”“这种游戏她喜欢吗？”

（4岁 · 女孩）

**A 孩子反复玩享受的不是游戏本身，而是愉快的心情。**

孩子总是会因绘本中同样的场景而发笑，会不厌其烦地用积木搭建各种各样的东西。这是因为重复相同的游戏会让孩子获得安全感并因此感到心情愉悦，这对孩子来说是很重要的。所以完全没必要担心游戏会千篇一律。除此之外，对孩子来说最重要的，是妈妈陪伴时的笑容。也就是说，游戏的种类其实并不重要！

## Q 爸爸在孩子面前起不到一点儿榜样作用

我希望儿子将来能做一个合格的“奶爸”，所以希望丈夫能做一些家务给孩子树立榜样。但休息日他除了懒洋洋地看电视，其他什么都不干。真是越来越让人生气。

（5岁 · 男孩）

**A 做家务可能难度太大了。让他先从陪孩子玩做起吧！**

相信我，你永远无法强迫一个男人“为了孩子变身为一名‘奶爸’”。所以，不要要求男人“去做家务”！而是降低难度，让他先体会到陪孩子玩的乐趣。可以和孩子去公园踢球，也可以一起去散步，只要他体会到了陪伴孩子的乐趣，那他就有可能会萌生出试着做做家务的想法哦。所以，不要一开始就把过高的要求强加于爸爸身上，从点滴开始，慢慢把他培养成一名优秀的“奶爸”吧！

## Q 在孩子面前和丈夫吵架

我经常会在孩子面前和丈夫吵架，惹得孩子一脸不安。我也不想这样的，可就是控制不住自己的情绪。

（2岁 · 女孩）

### A 这会让孩子变得对爸爸心怀恐惧哦！

虽然不是绝对，但父母吵架时，孩子会本能地偏向妈妈。久而久之就会让孩子对爸爸产生恐惧心理。从我的中学执教经验看，很多在学校表现不好的孩子，他们的父母关系都是存在问题的。父母关系对中学生的影响尚且如此之大，对幼儿的伤害更是无法估量的。所以，若是对爸爸有意见，一定要避开孩子，夫妻单独好好聊聊吧。

## 结束语
# 无论怎样都做不好啊

很多妈妈都曾问我“这种情况要怎么办啊？不批评能教育好吗”，所以，我写下了这本书。在本书中，我不但详细解释了案例，还尽可能地给出了具体的解决方案，例如“可以这样”或是“这样处理孩子会更容易接受”，等等。真的是很用心了。

但是，相信还是有不少人会说：“我明明照着书中写的去做了，可就是没作用。”“我试过很多次了，可还是毫无效果！”甚至可能会有些妈妈认为“批评不行，不批评也不行。我连这很简单的‘尾木妈妈教育法’都做不好，真的太失败了”，并为此感到很失落。一想到这些，我就会感到坐立不安。

但是，请耐心继续往下看。

育儿，大部分情况下是无法完全按照理论或是指导手册进行的。况且，育儿还是项费时且麻烦的工作。在这条路上，可能你刚刚前进了一步，但转眼又倒退了两三步；而且这条路非但不是笔直向前的，反而忽左忽右充满了曲折。但若是你将育儿中所有的不快与失败都看作是理所当然的，那也许有一天你会突然发现，这条路竟变得无比平坦了。

在这个过程中，最重要的就是不要因为过于焦虑而又走回了“靠批评来教育”的老路。本书中涉及了很多脑科学、心理学以及生长发育相关的科学理论，希望妈妈们能在这些内容的基础上，更多地去学习、了解和孩子的成长及发育相关的知识，因为这些知识能够帮助你对孩子的成长发育做出预判，从而从容应对所遇到的每一个问题。

虽然看起来好像有些难，但其实这才是“磨刀不误砍柴工”啊！

在对“不批评也能教育好孩子”这一理论有了足够了解的基础上，再尝试着对书中所提到的技巧去进行实践。只要能做到这点，那妈妈们应该就能轻松不少了。

当你还没有完全掌握某个技巧时，可能会感到这种做法既费力又耗时。这时请再翻到书中讲述这个技巧的位置，单独看一遍，你也许会有新的发现。其实我也会担心“尾木妈妈教育法”是否能被大家所接受，毕竟它与现代社会中的主流理念“批评=教育”是完全相反的。

但有一点是很明确的。

那就是，妈妈的笑容，是孩子健康成长过程中的最佳营养补给。

而且，尾木妈妈会一直在这里陪伴你、支持你，有任何烦恼或问题都可以来找我。敬请放心吧。